Markus Reinschmidt

Kommunikation nach Watzlawick. Der systemische Aspekt und der Nutzen für die Beratung

GRIN Verlag

Bibliografische Information der Deutschen Nationalbibliothek:

Die Deutsche Bibliothek verzeichnet diese Publikation in der Deutschen National-
bibliografie; detaillierte bibliografische Daten sind im Internet über http://dnb.d-
nb.de/ abrufbar.

Dieses Werk sowie alle darin enthaltenen einzelnen Beiträge und Abbildungen
sind urheberrechtlich geschützt. Jede Verwertung, die nicht ausdrücklich vom
Urheberrechtsschutz zugelassen ist, bedarf der vorherigen Zustimmung des Verla-
ges. Das gilt insbesondere für Vervielfältigungen, Bearbeitungen, Übersetzungen,
Mikroverfilmungen, Auswertungen durch Datenbanken und für die Einspeicherung
und Verarbeitung in elektronische Systeme. Alle Rechte, auch die des auszugsweisen
Nachdrucks, der fotomechanischen Wiedergabe (einschließlich Mikrokopie) sowie
der Auswertung durch Datenbanken oder ähnliche Einrichtungen, vorbehalten.

Impressum:

Copyright © 2007 GRIN Verlag GmbH
Druck und Bindung: Books on Demand GmbH, Norderstedt Germany
ISBN: 978-3-638-81830-8

Dieses Buch bei GRIN:

http://www.grin.com/de/e-book/76486/kommunikation-nach-watzlawick-der-syste-
mische-aspekt-und-der-nutzen-fuer

Kommunikation nach Watzlawick – der systemische Aspekt und der Nutzen für die Beratung

Referatsausarbeitung im Rahmen des Seminars „Beratungstraining II"

Olt Markus Reinschmidt

Pädagogik Jahrgang 2004
SFB 3/B

INHALT

Einleitung

Viele Unternehmen sind heute auf die Hilfe von Beratungs- bzw. Coachingfirmen angewiesen da sie Probleme, die während Projektarbeiten, Umstellungsprozessen oder auch nur während des Arbeitsalltages nicht alleine bewältigen können. Woran liegt das und wie kann man diese Probleme beseitigen? Um diese Frage zu beantworten muss man sich zuerst Gedanken über eine grundlegende Tatsache mache.

Da Kommunikation die Grundlage jeglicher Zusammenarbeit in Betrieben und Unternehmen ist, wird deutlich, wie wichtig es ist das diese Kommunikation problemlos verläuft. Meist sind fehlende oder mangelhafte Kommunikation und unzureichende Informationsweitergabe Auslöser für schwerwiegende Probleme innerhalb verschiedenster sozialer Systeme, gemeint sind hier auch die oben genannten Probleme.

Um diese Probleme effektiv zu beheben sollten die Ursachen beseitigt werden. Also hauptsächlich die Fehler und Mängel in der Kommunikation. Um erfolgreich die Kommunikation innerhalb verschiedener Systeme zu beheben ist es notwendig sich mit Theorien zur Kommunikation zu befassen. Eine Theorie die hier von Nutzen sein könnte ist die von Paul Watzlawick.

Paul Watzlawick schuf mit seinem Kommunikationsmodell eine äußerst interessante Theorie, deren mögliche Bedeutung für die systemische Beratung und ihre Ähnlichkeit zur Systemtheorie dieser Arbeit dargestellt werden sollen. Watzlawick und seine Mitarbeiter erkannten bei ihrer Arbeit, dass schizophrene Personen bestimmte Formen der Alltagskommunikation, welche normale Menschen davor bewahren, in eine Situation zu geraten aus der es keinen Ausweg mehr gibt, nicht leisten können.

Nimmt man nun diese Erkenntnis und überträgt sie auf Firmen, Abteilungen oder, systemtheoretisch gesprochen, soziale Systeme[1] gelangt man zu dem Gedanken das auch hier das „kurieren" der Kommunikationsprobleme die Lösung sein könnte. Um dies dann auch erfolgreich durchzuführen, können u.a. die fünf Axiome der Kommunikation nach Watzlawick zur Hilfe genommen werden. Diese fünf Axiome, oft auch Regeln genannt, werden im Laufe dieser Arbeit auch noch näher dargestellt.

---

[1] Unter sozialen Systemen sollen hier jene nach Luhmann verstanden werden. Eine übersichtliche Beschreibung sozialer Systeme findet sich in Baraldi, et al., 1997 S. 195ff.

3

Das erste Kapitel dieser Arbeit wird sich zunächst mit einigen theoretischen Grundannahmen, auf die die Theorie aufbaut, befassen und näher erläutern. Zum einen geht es hier bei um ein spezifisches Verständnis von Kommunikation, zum anderen um die Vorstellung wie Kommunikation abläuft und wodurch ein Individuum in seinem Verhalten bzw. seiner Kommunikation beeinflusst wird. Das zweite Kapitel befasst sich dann mit einer Darstellung der 5 Axiome nach Watzlawick, welche als Grundlage für eine erfolgreiche oder einfach nur störungsfreie Kommunikation dienen sollen. Ebenso wird bei der Betrachtung dieser „Regeln" deutlich an welchen Stellen Probleme in der Kommunikation auftreten können. Im dritten Kapitel geht es dann um die Frage nach dem systemischen Aspekt in Watzlawicks Theorie, hauptsächlich was bei ihm überhaupt die Eigenschaften eines Systems hat und ob er dies selber bei der Entwicklung seiner Theorie so gesehen hat. Das vierte Kapitel soll sich letztlich mit der Frage auseinandersetzen inwiefern Ähnlichkeiten oder Verbindungen zur Systemtheorie nach Luhmann bestehen. Da allerdings eine eingehende Betrachtung der Systemtheorie Luhmanns den Rahmen dieser Arbeit bei weitem sprengen würde, wird es hierbei hauptsächlich um die, für die systemische Beratung interessanten lebenden sozialen System gehen. Im Fazit wird dann abschließend festgestellt wo Gemeinsamkeiten oder aber Unterschiede im Bezug auf die systemischen Aspekte bestehen und ob Watzlawicks Vorstellung von Kommunikation einen Nutzen für die Beratung bringt.

1. Watzlawicks Kommunikationsmodell in der Theorie

Nachdem Paul Watzlawick, der 1921 in Österreich geboren wurde, erfolgreich Philologie und Philosophie an der Universität Venedig studierte, promovierte er zunächst 1949 im Fach Philosophie um anschließend eine Ausbildung in Psychotherapie zu absolvieren. Zusammen mit Don D. Jackson, der Watzlawick 1960 nach Palo Alto in Kalifornien holte, wo Watzlawick am „Mental Research Institute" forschte, und J. H. Beavin entwickelte er das im folgenden beschriebene und viel beachtete Kommunikationsmodell.

Die nötigen Erkenntnisse zur Entwicklung dieses Kommunikationsmodells erhielten Watzlawick und seine Kollegen durch die Arbeit mit schizophrenen Patienten. Während der Therapie von Patientengruppen, vor allem Familien, gingen sie deren Kommunikationsstrukturen nach. Dabei stellten sie fest das Schizophrene nicht dazu in der Lage sind bestimmte Formen der Alltagskommunikation zu leisten, welche den normalen Menschen davor bewahren in ausweglose Situation zu geraten. Daraus folgerte Watzlawick, dass die Schizophrenie als eine Kommunikationsstörung verstanden werden kann, und dass in der Therapie versucht werden muss diese zu beseitigen.

Der Begriff der Kommunikation, wie Watzlawick ihn verwendet unterscheidet sich stark von dem was wir im alltäglichen Gebrauch darunter verstehen. So gehört bei Watzlawick nicht nur verbales Verhalten zur Kommunikation, „auch alle nicht verbalen Begleiterscheinungen, die sogenannte Körpersprache" (Watzlawick, et al., 2003), sind zu beachten. Zudem „ist die die kommunikativen Abläufe mit bestimmende Rolle des Kontextes, also der «Umwelt» jeder Kommunikation, in Betracht zu ziehen. In dieser pragmatischen Sicht ist demnach nicht nur die Sprache, sondern alles Verhalten Kommunikation, und jede Kommunikation - selbst die kommunikativen Aspekte jedes Kontextes - beeinflusst das Verhalten." (Watzlawick, et al., 2003). Dieses Verständnis von Kommunikation führt dann auch dazu, dass bei diesem Kommunikationsmodell nicht mehr das traditionelle Verständnis von Kommunikation nach dem Muster „Sender – Zeichen – Empfänger" maßgeblich ist, und dass das Augenmerk auf der „Sender-Empfänger-Beziehung auf der Basis der Kommunikation" (Watzlawick, et al.,

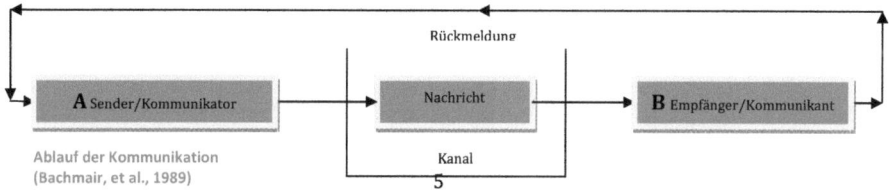

Ablauf der Kommunikation
(Bachmair, et al., 1989)

2003) liegt. Eine vereinfachte Darstellung der Kommunikation nach Watzlawick lässt sich bei Bachmair finden. Das unten dargestellte Schema macht deutlich das Kommunikator (A) und Kommunikant (B) in einer kreisförmigen Beziehungen miteinander stehen. Bei diesem Beispiel wird die Nachricht auf einem Kanal entweder verbal oder nonverbal, mündlich oder schriftlich, in Ton oder Bild, über natürliche oder technische Wege die übertragen. Im gedachten weiteren Verlauf der dargestellten Kommunikation würde A dann eine Rückmeldung an B bezüglich dessen Rückmeldung geben. Diese Rückmeldung ist dann mit der Nachricht gleichzusetzen, zumindest wenn man die Annahme verfolgt, dass diese Rückmeldung dazu führt B zu informieren. Die Frage die sich hier nun stellt lautet: Was passiert mit der Kommunikation wenn entweder schon A die Rückmeldung nicht annimmt oder B dies nicht tut? Dieser Frage widmet sich im 2. Kapitel der Arbeit das erste Axiom von Watzlawick.

Um die, im folgenden Kapitel, dargestellten Axiome besser zu verstehen, sowie die mögliche Bedeutung für die Beratung erahnen zu können, ist es an dieser Stelle noch hilfeich, folgende Annahme, die dem hier bisher dargestellten Kommunikationsmodell zugrunde liegt, zu betrachten. Diese besagt, „dass die Beziehungen zwischen Menschen als Regelkreis betrachtet werden können – d.h.: das Verhalten jedes einzelnen wirkt auf die Verhaltensweisen der anderen Personen ein und wird selbst wiederum auch von den Handlungen aller anderen bedingt. Das Individuum ist also nicht aus sich allein heraus in seinen Handlungen zu verstehen, sondern seine Reaktion sind nur im Zusammenhang mit den Reaktionen der übrigen Handelnden zu begreifen" (Bachmair, et al., 1989). Hier wird nun deutlich, dass das Verhalten des Einzelnen nicht isoliert betrachtet werden kann, sondern dass auch das Verhalten bzw. die Reaktionen der Anderen, mit denen eine Person in einer Beziehung steht, von Bedeutung sind. Man kann an dieser Stellen davon ausgehen, dass es sich bei den erwähnten Beziehungen um funktionale Beziehungen handelt. In den meisten Fällen werden diese Beziehungen einer Struktur unterliegen, also auf spezielle Art und Weise organisiert und geplant sein, wie es z.B. in Firmen der Fall ist. So kann die Hierarchie in einem Unternehmen, wenn sie denn vorhanden ist, mit sehr hoher Sicherheit als Beziehungsgeflecht betrachtet werden. Wenn nun innerhalb der Firma Probleme auftreten, ist es zunächst sehr wahrscheinlich, dass diese durch Störungen innerhalb dieses Sytems von Beziehungen hervorgerufen werden.

Um zu sehen wo diese Störungen auftreten können und welche Grundsätze bei der Beseitigung dieser hilfreich sind soll nun ein Blick auf die 5 Axiome nach Watzlawick geworfen werden.

2. Fünf Axiome nach Watzlawick

Im Folgenden sollen die fünf Axiome nach Watzlawick, die bei Bachmaier Regeln genannt werden, dargestellt werden. Zudem soll bei jeder Regel kurz erläutert werden, wodurch Probleme in der Kommunikation, bezogen auf die jeweilige Regel entstehen können. Die jeweiligen Überschriften zu den Axiomen stammen von Watzlawick selber (vgl. Watzlawick, et al., 2003).

ERSTES AXIOM: „DIE UNMÖGLICHKEIT NICHT ZU KOMMUNIZIEREN."

Wie im vorangegangenen Kapitel dargestellt, sind nicht nur Worte das „"Material" jeglicher Kommunikation" (Watzlawick, et al., 2003, S. 51), auch alle „paralinguistischen Phänomene […], Körperhaltung, Ausdrucksbewegung usw." (a.a.O.) gehören dazu. Also Verhalten jeglicher Art. Watzlawick charakterisiert Verhalten wie folgt: „Verhalten hat vor allem eine Eigenschaft, die so grundlegend ist, dass sie oft übersehen wird: Verhalten hat kein Gegenteil, oder um dieselbe Tatsache noch simpler auszudrücken: Man kann sich nicht *nicht* verhalten." (a.a.O.) Daraus folgt dann, dass wenn sich zwei Personen gegenseitig wahrnehmen können, also das Verhalten des Anderen offensichtlich wird, schon Kommunikation stattfindet. Bei Bachmeier werden solche Situationen nach Wulf und Groddek als „face-to-face-Situation" (Bachmair, et al., 1989, S. 79) bezeichnet. Paradox ist hier jedoch, dass selbst wenn die beiden Personen sich den Rücken zudrehen, dies immer noch als eine solche Situation gilt. Dies wird deshalb als Kommunikation verstanden, als das darüber informiert wird, dass man nicht miteinander sprechen oder etwas vom anderen wissen will. Akzeptiert man, dass alles Verhalten, welches ein Gegenüber wahrnehmen kann, Kommunikation ist, wird schnell deutlich wo Störungen auftreten können. Demnach können Störungen entstehen wenn Kommunikation ignoriert wird[2], ebenso wenn die Kommunikation nur widerwillig angenommen wird, also eine Ablehnung signalisiert aber paradoxerweise doch kommuniziert wird.

Um diesem Dilemma zu entgehen, kann man versuchen Watzlawicks „metakommunikatives Axiom: *Man kann nicht nicht kommunizieren.*" (Watzlawick, et al., 2003, S. 53) zu beherzigen.

---

[2] Dies kann vermutlich sowohl bewusst als auch unbewusst geschehen. Verschiedene Verhaltensweisen unterliegen der subjektiven Wahrnehmung und rufen nicht zwangsläufig bei jedem die selben und vor allem intendierten Reaktionen hervor.

ZWEITES AXIOM: „DIE INHALTS- UND BEZIEHUNGSASPEKTE DER KOMMUNIKATION"

Kommunikation die nur einmal stattfindet heißt bei Watzlawick Mitteilung. So kann sicherlich auch jeder Schritt innerhalb des Kommunikationskreislaufs genannt werden der schon im ersten Kapitel gezeigt wurde. Watzlawick hat jede Mitteilung auf ihren Inhalt hin untersucht und festgestellt, dass jede Kommunikation außer der reinen Sachinformation, die übermittelt werden soll, einen Hinweis darauf enthält, wie der Kommunikator seine Botschaft verstanden haben möchte und wie er die Beziehung zum Kommunikator sieht. *Demnach enthält jede Kommunikation einen Inhalts- und einen Beziehungsaspekt* (vgl. Watzlawick, et al., 2003). Vergleichbar ist dies mit der Programmierung von Maschinen, komplexen Systemen also, da diese sowohl Daten als auch Instruktionen benötigen um arbeiten zu können. Zu beachten ist, dass der Beziehungsaspekt den Inhaltsaspekt dominiert. Der Beziehungsaspekt bestimmt (instruiert) wie der Empfänger der Mitteilung die Sachinformation (Daten), also den Inhaltsaspekt zu verstehen hat. Dies kann dazu führen, dass ein und dieselbe sachliche Information aufgrund unterschiedlich definierter Beziehungsaspekte, verschieden aufgefasst wird. Dies birgt reichlich Raum für mögliche Störungen. Hauptsächlich entstehen Probleme hier wegen Uneinigkeit auf der Beziehungsebene. Dies führt zu Missverständnissen auf der Inhaltsebene, da der Empfänger die „Daten" die er bekommt nicht so verarbeitet wie es eigentlich gedacht war. Aber auch Uneinigkeit auf der Inhaltsebene kann Probleme hervorrufen, da sich dies negativ auf die Beziehungsebene auswirkt.

Um Probleme, die aus diesem Bereich der Kommunikation resultieren zu beheben sollte man folgendes Axiom beachten: *„Jede Kommunikation hat einen Inhalts- und einen Beziehungsaspekt, derart, dass letzterer den ersteren bestimmt und daher eine Metakommunikation ist."* (Watzlawick, et al., 2003, S. 56)

DRITTES AXIOM: „DIE INTERPUNKTION VON EREIGNISFOLGEN"

Dem unbeteiligten Beobachter erscheint die Kommunikation als ein „ununterbrochener Austausch von Mitteilungen." (Watzlawick, et al., 2003, S. 57) Jedoch ist ein jeder Teilnehmer an Kommunikation dazu gezwungen, der Kommunikation eine Struktur zu geben und setzt demnach einen Anfangspunkt (Interpunktion) in der Kommunikation. Die Kommunikation erhält somit eine subjektive Struktur, welche aus objektiver Sicht gar nicht vorhanden. Daraus folgt, dass sowohl der Sender als auch der Empfänger den Ablauf der Kommunikation unterschiedlich gliedern. Dies führt dann dazu, dass sie ihr eigenes Verhalten nur als Reaktion sehen, das auf Verhalten des anderen folgt. Keiner der

Kommunikationspartner sieht sein Verhalten als Anfangspunkt in der Kommunikation bzw. als Ursache, wenn es um gestörte Kommunikation geht. Daraus folgt dann auch das die Schuld nie bei einem selber liegt.

Watzlawick selber sagt das „Diskrepanzen auf dem Gebiet der Interpunktion [...] die Wurzeln vieler Beziehungskonflikte sind" (Watzlawick, et al., 2003, S. 58). Beziehungen können in diesem Zusammenhang als von sehr allgemeiner Natur verstanden werden und nicht nur als enge zwischenmenschliche Verbindung. Die Diskrepanz kann dann auch als Hauptursache für Störungen nach dem dritten Axiom gesehen werden.

Um diesem Problem zu entgegnen muss sich folgendes Axiom bewusst machen: *„Die Natur einer Beziehung ist durch die Interpunktion der Kommunikationsabläufe seitens der Partner bedingt."* (Watzlawick, et al., 2003, S. 61)

VIERTES AXIOM: „DIGITALE UND ANALOGE KOMMUNIKATION"

Watzlawick nutzt zur Veranschaulichung von digitaler und analoger Kommunikation die Arbeitsweise verschiedener Maschinen als Beispiel, welches uns auch hier helfen soll. So gibt es zum einen Maschinen, die auf digitalem Weg Daten und Instruktion verarbeiten. Diese verfahren nach einem „Alles-oder-Nichts" Prinzip. Interessant ist hier vor allem, dass es sich bei den verwendeten Daten um willkürlich festgelegte Werte oder Bezeichnungen handelt, die keine reale Entsprechung haben. Des Weiteren gibt es noch Maschinen die bei ihren Operationen mit realen physischen Größen arbeiten, z.B. mit der Stärke und Spannung elektrischer Ströme (vgl.Watzlawick, et al., 2003, S. 62). Diese werden dann analog, also entsprechend dargestellt oder verarbeitet. Ähnlich ist dies bei menschlicher Kommunikation, die entweder digital oder analog sein kann.

Vereinfacht handelt es sich bei der Sprache um die digitale Kommunikation. Hier wird einem bestimmt Objekt, einem Vorgang, einem Zustand usw. ein bestimmter Name zugeteilt, der im eigentlichen Sinn nichts mit der Realität zu tun hat. Es besteht kein zwingender Zusammenhang zwischen einem Objekt, das aus einer flachen Holzplatte und vier gleichlangen Stöcken besteht und der Bezeichnung „Tisch". Dennoch wird er so genannt. Bei

Beispiel einer Analogie

der analogen Kommunikation würde dieses Objekt durch eine Analogie dargestellt werden (s. links).

In diesem Fall ist das Einordnen der Analogie noch recht einfach. Problematisch wird es jedoch wenn es analoge Kommunikation geht, unter der man sowohl die nonverbale als auch die paraverbale Kommunikation versteht (vgl. Bachmair, et al., 1989, S. 83). Hier ist der Interpretationsspielraum sehr groß, so dass die Empfänger solcher analoger Mitteilungen dies unterschiedlich interpretieren können. So drückt ein Lächeln nur ungefähr aus, was der Sender sagen möchte. Damit der Empfänger die Mitteilung richtig versteht muss auf digitale Weise (Sprache) mitgeteilt werden, was die Bedeutung des Lächelns ist.

Hier wird auch sehr schnell deutlich, wo Probleme aufgrund dieser Eigenschaft der Kommunikation auftreten können. So kann eine falsche Interpretation analoger Signale und Mitteilungen zu Missverständnissen, vor allem auf der Beziehungsebene führen, was wiederum Auswirkungen auf die Inhaltsebene hätte. Allerdings haben beide Ebenen ihre Vorteile wenn es darum geht verschiedene Aspekte einer Mitteilung zu übermitteln. Wie schon angedeutet eignet sich digitale Kommunikation sehr gut um reine Sachinformationen zu übertragen. Allerdings besitzt diese Kommunikation auf dem Gebiet der Beziehungsebene eine unzureichende Semantik. Analoge Kommunikation besitzt zwar dieses semantische Potential, allerdings fehlt es an der Fähigkeit der eindeutigen Benennung (vgl. Watzlawick, et al., 2003, S. 68). Demnach muss bei Problemen innerhalb von Kommunikation auch darauf geachtet werden ob die Teilnehmer die analoge Kommunikation richtig interpretieren und ob digitale Kommunikation, die die Beziehungsebene betrifft durch die richtigen analogen Signale unterstützt wird.

FÜNFTES AXIOM: „SYMMETRISCHE UND KOMPLEMENTÄRE KOMMUNIKATION"

Zwischenmenschliche Kommunikationsabläufe verläuft nach Watzlawick entweder symmetrisch oder komplementär. Dies hängt davon ab ob die Beziehung auf Gleichheit oder Unterschiedlichkeit beruht. Bei der symmetrischen Kommunikation sind die Teilnehmer auf Gleichheit und die Verminderung von Unterschieden aus, wohingegen die komplementäre Kommunikation auf den Unterschieden zwischen den Teilnehmern beruht.

In der symmetrischen Kommunikation sind die Partner gleichgestellt, was auch im Ablauf der Kommunikation deutlich werden sollte. So müssten beide etwa gleich viel reden, was die „spiegelbildliche" Position der beiden verdeutlicht (vgl. Bachmair, et al., 1989, S. 83). In der komplementären Kommunikation hingegen existieren zwei Positionen, die superiore und die inferiore Stellung. Die Zuordnung beruht nicht zwingend auf körperlicher Über- oder Unterlegenheit[3], sondern vielmehr auf einem kulturellen oder gesellschaftlichem

---

[3] Es sollte hier also im Sinne Watzlawicks nicht mit den Begriffen „stark" und „schwach", „gut" oder „schlecht" gearbeitet werden.

Zusammenhang (vgl. Watzlawick, et al., 2003, S. 69). Bei der komplementären Kommunikation ist nich wichitg zu erwähnen, dass die eine Position auf die andere angewiesen ist, ganz nach dem Grundsatz „ ohne Herr kein Knecht". Beide können ihre Position in der Kommunikation nur mit Hilfe der Position des anderen definieren (vgl. Bachmair, et al., 1989,S. 83).

Probleme die aufgrund dieser Gegenheiten entstehen können sind folgende[4]:

Symmetrische Eskalation: Beide Kommunikationspartner wollen sich gegenseitig übertrumpfen, indem der eine etwas gleicher sein will, als der andere, es herrscht also eine zu starke Gleichheit der Kommunikationspartner.

Starre horizontale Komplementarität: Die Kommunikationspartner beharren starr auf komplementären Standpunkten oder vordefinierten dogmatischen Grundkonzeptionen, so dass eine aktuelle, auf Ergänzung ausgerichtete Kommunikation unmöglich wird oder durch den A priori-Filter stark eingeschränkt wird.

Starre vertikale Komplementarität: Starkes Autoritäts- bzw. Machtgefälle, so dass eine Abhängigkeitsbeziehung oder Unselbstständigkeit und Fremdbestimmung entstehen.

ZUSAMMENFASSUNG DER AXIOME

Zur Übersichtlichkeit wird an dieser Stelle noch eine kurze Auflistung der 5 dargestellten Axiome gemacht, wie sie so auch bei Bachmair zu finden ist (Bachmair, et al., 1989):

1. Regel: Es ist unmöglich, nicht zu kommunizieren.

2. Regel: Jede Kommunikation hat einen Inhalts- und einen Beziehungsaspekt, wobei der Beziehungsaspekt dem Inhaltsaspekt übergeordnet ist.

3. Regel: Jede Kommunikation enthält in der unterschiedlichen Sicht der verschiedenen Partner eine Struktur, die als Interpunktion (Gliederung) einer Ereignisabfolge erscheint.

4. Regel: Die menschliche Kommunikation kann in „digitaler" (= genau bezeichenbarer) oder in „analoger" (= übertragener) Weise erfolgen.

5. Regel: Zwischenmenschliche Kommunikationsabläufe sind entweder symmetrisch oder komplementär, je nachdem, ob die Beziehung zwischen den Partner auf Gleichheit oder Ungleichheit beruht.

---

[4] Aus: http://de.wikipedia.org/wiki/Watzlawick

Wenn man nun während einer Beratung auf Probleme stößt, hat man die Möglichkeit zu untersuchen ob die Ursache hierfür in der grundlegenden Kommunikation zu finden ist und beseitigt werden kann.

3. Der systemische Aspekt in Watzlawicks Kommunikationsmodell

Die Frage ob es in Watzlawicks Kommunikationsmodell systemische Aspekte gibt lässt sich inzwischen beantworten ohne dass man Watzlawick gelesen haben muss. Schaut man sich die Streitschrift „Der Mythos Watzlawick und die Folgen. Eine Streitschrift gegen systemisches und konstruktivistisches Denken in Pädagogischen Zusammenhängen." so wird klar, dass wohl das ein oder andere systemische Merkmal vorhanden sein muss.

Aber Watzlawick sorgte schon dafür, dass der systemische Aspekt in seiner Theorie nicht zu übersehen ist, da er selber die zwischenmenschliche Interaktion als System bezeichnet.[5] Bei der Definition folgt er Hall und Fagen[6], welche ein System als ein Aggregat von Objekten und Beziehungen zwischen den Objekten sowie deren Merkmalen verstehen. Unter den Objekten sind die Bestandteile des Systems zu verstehen, unter den Merkmalen die Eigenschaften der Objekte und die Beziehungen den Zusammenhalt des Systems gewährleisten. Setzt man nun die Objekte des Systems mit Menschen gleich, sind, so sagt Watzlawick, die Merkmale, die die Menschen kennzeichnen ihr kommunikatives Verhalten. Die Beziehungen die im System wichtig sind werden dann von den Objekten, den Menschen, selber bestimmt, die entscheiden welche Beziehungen wichtig und bemerkenswert sind und somit eingeschlossen werden und welche als unwichtig erachtet werden und demnach ausgeschlossen werden. Daraus folgert Watzlawick, dass nicht der Inhalt der Kommunikation wichtig ist sondern der Beziehungsaspekt. Ein System definiert er demnach wie folgt:

„ Zwischenmenschliche Systeme sind demnach zwei oder mehrere Kommunikanten, die die Natur ihrer Beziehung definieren." (Watzlawick, et al., 2003, S. 116)

Watzlawick unternimmt auch eine Unterscheidung von System und Umwelt, wobei er sich hier weiterhin an Hall und Fagen orientiert, die die Umwelt eines Systems wie folgt definieren: „Für ein gegebenes System ist die Umwelt die Summe aller Objekte, deren Veränderung das System beeinflußt, sowie jener Objekte, deren Merkmale durch das Verhalten des Systems verändert werden."[7] Allerdings wirft diese Definition, wie Watzlawick anmerkt, die Frage auf,

---

[5] Die Ausführungen, die folgen basieren wenn nicht anders angegeben hauptsächlich auf Watzlawick, et al., 2003, S. 114ff.

[6] Hall, A.D., und Fagen, R.E.: „ Definition of Systems" General Systems Yearbook I, 18 (1956); übernommen aus Watzlawick, et al., 2003

[7] a.a.O. S. 20, übernommen von Watzlawick, et al., 2003

was dann letztendlich zum System gehört und was schon wieder Umwelt ist. Denn wenn das eine Objekt der Umwelt mit dem anderen aus dem System reagiert, so liese sich vermuten, dass es doch auch als Teil des Systems betrachtet werden kann. Da allerdings in den meisten Fällen keine Beziehung entsteht , welche einen längeren Zeitraum übersteht, handelt es sich bei einem solchen Vorgang um den Austausch von Stoffen, Energie oder Information eines *offenen* Systems mit seiner Umwelt. Hier besteht nach Angabe von Watzlawick der Unterschied zwischen organischen und nicht-organischen (in der Chemie und Physik) Systemen, da nicht-organische als geschlossene Systeme betrachtet werden, die in keiner lebenswichtigen Wechselbeziehung mit ihrer Umwelt stehen.

Die Erkenntniss das es auch Systeme gibt, die mit ihrer Umwelt in einer Beziehung stehen ermöglichte es dann, so Watzlawick, „Systeme dyadischer Wechselbeziehungen in die Familie, das Gemeinwesen und schließlich die Kultur ein[zu]bauen." (Watzlawick, et al., 2003, S. 118).

Diese Systeme werden dann von Watzlawick als Ganzheiten betrachtet, bei denen die Änderungen an einem Teil Auswirkungen auf alle anderen Teile des Systems hat. Diese Ganzheit des Systems führt dann auch dazu, das kein Element des Systems einzeln, als aus dem Zusammenhang, dem System herausgelöst betrachtet werden kann. Es ist vielmehr von Bedeutung das System als Ganzes zu betrachten. Dies ist vor allem dann interessant, wenn man auch die Kommunikation als System betrachtet und berücksichtigt das, jedes Verhalten, was ja nach dem ersten axiom Kommunikation, durch ein anderes Verhalten hervorgerufen wurde. Somit kann dieses nicht isoliert betrachtet werden. Die Systemhaftigkeit der Kommunikation bzw. des Verhalten wird vor allem bei Bachmair deutlich wenn man die nebenstehen Darstellung betrachtet.

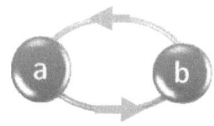

„Kreisförmigkeit des Verhaltens" (Bachmair, et al., 1989)

Zuletzt soll noch die, bei Watzlawick dargestellte, interessante Eigenschaft offener Systeme, die Äquifinalität, beschrieben werden. Äquifinalität bedeutet, dass offene Systeme gegenüber geschlossenen Systeme den Vorteil haben, das ihr Zustand nicht von ihrem Ausgangszustand abhängt sondern lediglich durch die Parameter des Systems selber bestimmt ist (vgl. Watzlawick, et al., 2003, S. 122).

Dies alles bedeutet zusammenfassend, dass Watzlawicks Kommunikationsmodell sehr wohl auf systemischen Annahmen beruht bzw. systemische Aspekte besitzt. Nützlich ist an dieser Stelle im Hinblick auf das folgende Kapitel, ein kurze Charakterisierung eines System nach Watzlawick:

- Offenes System; stehen in Beziehung zur Umwelt
- Besteht aus Objekten (Menschen), Merkmalen (kommunikatives Verhalten) und Beziehungen
- Teile des Systems beeinflußen sich gegenseitig; rufen Verhalten des anderen hervor
- funktionieren nach dem Prinzip der Äquifinalität

4. Systemische Aspekte bei Watzlawick in Abgrenzung zur Systemtheorie Luhmanns

Wie im vorangegangenen Kapitel dargestellt sind bei Watzlawick durchaus allgemein-systemtheoretische Züge zu finden. So hat Watzlawick eine bestimmte Form von System definiert welches diesem Kapitel mit den Vorstellungen Luhmanns von einem System verglichen werden soll.

Dies ist insofern interessant als das in der Literatur zu systemischer Beratung und Organisationentwicklung der Begriff des sozialen Systems häufig auftaucht[8], wobei hier Systeme vorwiegend im Luhmannschen Sinne verstanden werden. Die Frage die sich demnach stellt, wo die eventuellen Gemeinsamkeiten liegen und wo die Unterschiede sind um überhaupt feststellen zu können inwiefern Watzlawicks Modell in einem systemischen Beratungskontext überhaupt anwendbar ist.

Grundlegend für ein System ist nach Umwelt seine Differenzierung zur Umwelt. Ein System entsteht erst dann, wenn es durch seine Operationen eine Grenze zieht. Dies ist vergleichbar mit dem Vorgehen der Systeme bei Watzlawick, eine Entscheidung zu treffen welche Beziehung wichtig ist und demnach zum System gehört und welches „nur" Umwelt ist. Allerdings bedeutet diese Grenzziehung nicht zwangsläufig, dass das System isoliert ist. So brauch auch das System bei Luhmann eine Beziehung zur Umwelt um existieren zu können. Es wird in diesem Fall von Interdependenzen gesprochen. So benötigt ein soziales System bei Luhmann psychische Systeme, die an Kommunikation teilnehmen können. An dieser Stelle wird schon ein maßgeblicher und interessanter Unterschied deutlich. Bei Watzlawick gehören die psychischen Systeme, der Mensch, schon zum System dazu, bei Luhmann stellen sie ein eigenes System dar. Zudem besteht bei ihm das System ausschließlich aus Kommunikation, die sich wie oben schon dargestellt, von der Umwelt abgrenzt. Allerdings wird keine Einschränkung bei der Art der Kommunikation gemacht, was die Axiome des Kommunikationsmodells nach Watzlawick weiter anwendbar macht. Wenn man zudem bedenkt wie Kommunikation bei Watzlawick abläuft[9], so lässt sich auch hier die Kommunikation selber als ein sich selber generierendes, im Luhmannschen Sinne autopoietisches, System betrachten. Schon an dieser Stelle wird deutlich das es zwar

---

[8] Siehe dazu: Baumgartner, et al., 2000, S. 38 ff und Backhausen, et al., 2004.

[9] Siehe Darstellung „Ablauf der Kommunikation" und „Kreisförmigkeit des Verhaltens"

Unterschiede zwischen den beiden Auffassungen von Systemen gibt, aber das die vorhandenen Gemeinsamkeiten durchaus dazu führen, dass man der Meinung sein kann, Watzlawicks Kommunikationsmodell bzw. seine daraus resultierenden 5 Axiome durchaus in einer systemischen Beratung anwenden kann. Sicherlich ließen sich bei einer noch eingehenderen Betrachtung, vor allem der Systemtheorie noch weitere Gründe finden, die für eine Anwendung der Axiome sprechen, vor allem wenn man bedenkt, das Watzlawicks Überlegungen auf systemtheoretischen Ansätzen basieren, welche vermutlich auch Luhmann bei der Entwicklung seiner Theorie beeinflusst haben. Aber wie schon zu Beginn angeführt, würde dies den hier angemessenen Rahmen sprengen, deshalb soll an dieser Stelle nun das Schlusswort folgen.

Fazit

Die vorangegangenen Kapitel haben nicht nur Watzlawicks Kommunikationsmodell und die daraus resultierenden in ihren wichtigsten Zügen dargestellt. Auch der systemische Aspekt seiner Theorie ist anschaulich dargelegt worden. Bedenkt zudem noch das Watzlawick nicht nur durch seine Arbeit zur Kommunikation bekannt wurde sondern auch mit seinem Schriften zum Konstruktivismus, so ist es letztendlich nicht verwunderlich, dass am Ende auch Ähnlichkeiten zu Luhmann festgestellt werden können. Somit wäre die Vermutung, dass systemische Aspekte bei Watzlawick zu finden sind bestätigt. Ebenso hat der Vergleich mit Luhmanns Systemtheorie, hier hauptsächlich der jeweiligen Vorstellungen von System und Umwelt, einige Ähnlichkeiten zu Tage gefördert. Aber es lassen sich auch Unterschiede feststellen. So kann man Watzlawick mit Sicherheit ein menschenfreundlicheres Verständnis von einem sozialen System nachsagen, da bei ihm die Menschen, wenn auch als Objekte bezeichnet, zum System gehören und als ein wichtiger Bestandteil gelten. Bei Luhmann hingegen ist der Mensch, und davon auch nur das psychische System, das notwendige „Übel", welchem sich die Kommunikation bedient. Aber beiden gemein ist wiederrum, dass die Kommunikation existenziell wichtig für das System ist. So nimmt die Kommunikation durch die Definition und Festlegung der Beziehungen im System die Abgrenzung zur Umwelt vor. Erst dadurch wird das System als solches erkannt. Somit ist es von immenser Wichtigkeit für das System, dass die Kommunikation reibungslos und unmissverständlich funktioniert. An dieser Stelle setzt das Kommunikationsmodell mit den fünf Axiomen an. Die Beachtung der fünf Axiome und vor allem der möglichen Probleme bei einer Nicht-Beachtung der Axiome kann dazu beitragen die Kommunikation in einem System zu schützen und eventuell sogar zu verbessern, sollten schon Störungen aufgetreten sein. Betrachtet man nun ein Unternehmen oder eine Firma, welche zweifelsohne als soziale Systeme betrachtet werden können, so wird schnell, dass hier viele Probleme, wie schon einleitend beschrieben, durch Fehler in der Kommunikation hervorgerufen werden. „Fehler" sind in diesem Sinn sehr allgemein zu verstehen. Es kann sich dabei um alles Mögliche handeln, vorwiegend sind damit die Probleme gemeint, die bei der Beachtung der Axiome nach Watzlawick vermutlich nicht aufgetreten wären. Und genau da liegt auch der Nutzen für die Beratung. Mit Hilfe der fünf Axiome kann zunächst versucht werden Prozesse in einem Unternehmen, die schon problematisch sind oder werden können, und von den Mitarbeitern und deren Kommunikation untereinander abhängen, positiv zu beeinflussen. Nicht nur das Beseitigen schon existenter Probleme bietet sich hier an, auch das Unterstützen von Entwicklungs- und

Einführungsprozessen ist eine Option. So kann z.B. durch gezielte Schulung der Mitarbeiter sichergestellt werden, dass diese sich über den Ablauf und die Aspekte der Kommunikation bewusst sind und dieses im Umgang miteinander beachten. Dies ist wie gesagt nur ein Beispiel, die Möglichkeiten der Anwendung sind hier mit Sicherheit vielfältig. Ziel der Arbeit war jedoch, festzustellen, ob ein in Watzlawicks Theorie ein Nutzen für die Beratung zu erkennen ist, was hiermit als gelungen angesehen wird.

Literaturverzeichnis

Bachmair, Sabine, et al. 1989. *Beraten will gelernt sein.* 4., neu ausgestattete und überarbeitete Auflage. München : Psychologie-Verl.-Union, 1989.

Backhausen, Wilhelm und Thommen, Jean-Paul. 2004. *Coaching: durch systemisches Denken zu innovativer Personalentwicklung.* 2., aktualisierte Auflage. Wiesbaden : Gabler, 2004.

Baraldi, Claudio, Corsi, Giancarlo und Esposito, Elena. 1997. *GLU. Glossar zu Niklas Luhmanns Theorie sozialer Systeme.* Frankfurt am Main : Suhrkamp Verlag, 1997.

Baumgartner, Irene. 2000. *OE-Prozesse: die Prinzipien systemischer Organisationsentwicklung. Ein Handbuch für Beratende, Gestaltende, Betroffene, Neugierige und OE-Entdeckende.* 6., unveränderte Auflage. Bern : Haupt, 2000.

Girgensohn-Marchand, Bettina. 1992. *Der Mythos Watzlawick und die Folgen. Eine Streitschrift gegen systemisches und konstruktivistisches Denken in pädagogischen Zusammenhängen.* Weinheim : Belitz, 1992.

Schlippe, Arist von. 1999. *Lehrbuch der systemischen Therapie und Beratung.* 6., durchgesehene Auflage. Göttingen : Vandenhoeck & Ruprecht, 1999.

Watzlawick, Paul, Beavin, Janet H. und Jackson, Don D. 2003. *Menschliche Kommunikation : Formen, Störungen, Paradoxien.* Nachdr. der 10., unveränd. Aufl. 2000. Bern : Huber, 2003.